노을은 그리움을 싣고

서원생 제7시집

오늘의문학사

노을은 그리움을 싣고

| 序 |

   그리움은 내 시편의 알파와 오메가다.
   초기에는 "서정적 그리움"으로 시작하여 주지론적 시향에 눈을 뜨면서 "동경에 대한 그리움"으로 큰 변곡점을 맞았다. 하지만 나무에 홀로 앉은 새처럼 외롭기만 한 사랑 시가 많아 허기를 느꼈다. 한때는 사랑의 대상에 대한 상실감과 시대적 변화를 통해 얻은 자기애가 빚은 "나르시시즘"으로 혼란까지 겪었다. 그러함에도 "그리움"은 내 시편의 넘치는 저수지다. 헌신적인 아가페의 사랑보다는 매우 곡진히 삭인 에로스적 사랑이다. "찔레꽃" 같은 극도로 절제된 부끄러움과 "나팔꽃과 복사 풀잎" 같은 수줍은 에로스, 채송화 같은 순결, 연상을 사모하는 조심스러운 熱慕가 시편의 큰 산맥이다. 철학자 플라톤이 지은 「향연(Symposium)」에 나오는 희극작가 아리스토파네스의 이야기, 내 반쪽을 찾는 지고지순의 정신적인 사랑, "플라토닉 러브"가 사랑의 주제이다.

시의 주요 모티브가 "절제된 사랑과 사무침"이다. 지금까지 시집 6권을 상재하고도 사랑에 목말라, 일곱 번째의 시집에 사랑 시를 실을 여백을 남겨 두었다. 이른바 "성숙된 그리움"의 시편들을 일곱 번째 시집에 많이 조합했다. 올해는 특히 등단 20년째를 맞는 해다. 늦은 나이에 시작하여 매우 바쁘게 글을 써 왔다. 숨 가쁜 광야의 여정 속에도 비교적 많은 책을 낸 것은 아직도 식지 않은 사랑의 덕분인 것 같다. 이번 시집을 내면서도 사춘기의 소년처럼 기대와 흥분을 감출 수 없다. 필자와 같은 소중한 감흥을 간직한 독자가 있다면 이번 기회에 "체험적 그리움"을 함께 구워서 용해해 보았으면 좋겠다.

2025. 6.
서 원 생

| 목차 |

序 ··· 4

제1부

희망을 향해 ··· 13
파장한 재래시장에서 ·· 14
노을은 그리움을 싣고 ·· 15
옹달샘 ·· 16
풍년 詩想 ·· 17
하얀 포말 ·· 18
신발 고백 ·· 19
고양이 ·· 20
모란꽃 옆에서 ·· 21
고동 ··· 22
꽃잔디 ·· 23
아귀 ··· 24
울릉도 가는 길 ·· 25
봄을 채색하다 ·· 26
찔레꽃을 보면서 ··· 27
아랫집 누님 ·· 28
꽃밭에서 ··· 29

찔레꽃 연가 ·· 30
겨울 잠바 ·· 31
해바라기 ·· 32

제2부

호박꽃 ·· 35
늙은 여인들 ·· 36
분교에서 ·· 37
누님 ·· 38
요양원에서 ·· 39
찔레꽃 유혹 ·· 40
빨래 ·· 41
DMZ ·· 42
운동화 ·· 44
봄꽃 ·· 45
달맞이꽃 옆에서 ·· 46
산수유 ·· 47
안식을 견인하다 ·· 48
복수초 ·· 49
고사리 ·· 50

가을에 ········· 51
새 ········· 52
봄이 오는 길목 ········· 53
영산홍 ········· 54
사막의 낙타 ········· 55

제3부

여명의 행간에서 ········· 59
까치 소식 ········· 60
저녁 ········· 61
고드름 ········· 62
고사목 ········· 63
봄맞이 ········· 64
야자수 나무 ········· 65
진달래꽃 ········· 66
항구에서 ········· 67
꿈 ········· 68
늦가을의 소묘 ········· 69
내 생일 ········· 70
산사 ········· 71

망향 휴게소 ················· 72
복사꽃 필 때면 ················· 73
고청의 비석을 보면서 ················· 74
초승달 ················· 75
섣달그믐 밤 ················· 76
탱자나무의 추억 ················· 77
참새떼 ················· 78

제4부

수평선 ················· 81
열대야 ················· 82
능이 ················· 83
나팔꽃 ················· 84
양미리 ················· 85
정상 ················· 86
입동 ················· 87
폭염에서 만난 갈 소식 ················· 88
칫솔을 보면서 ················· 89
보(堡)를 보면서 ················· 90
전선야곡 ················· 91

장독대 사랑 ··· 92
개구리 울음소리 ··· 93
고향집을 보면서 ··· 94
우산봉 가는 길 ·· 95
신불산 억새 ·· 96
파도의 분노를 보면서 ································ 97
오징어잡이 ··· 98
묵정밭에서 ··· 99
단풍 환상 ··· 100

작품 해설 _ 문학박사 이종희 ·················· 101

제1부

희망을 향해

파도를 밀면서
빨간 불덩어리가 솟고 있다

수평선, 저 끝단의 섬에서
갈매기는 여명을 물고
바다를 향해 날개를 편다

육지의 신기루를 향해
팽창하려는 욕망을 품고
파도는 몸짓을 점점 키우면서
수면을 다지며 울먹이고 있다

인류의 진화가 수증기에서 시작하듯
희망찬 새 출발의 아우성이
이곳 푸른 바다에서
새날의 불씨를 지피리라.

파장한 재래시장에서

하루를 여민 시장에
고단한 무게만큼의 침묵이 잠들었다

하품도 못 하게 추운 밤
어두운 한파가 곤두세울 때마다
비닐로 싸맨 좌판대의 누적된 피로가
불면의 밤을 뒤척이면서
어깨를 잔뜩 움츠렸다가 다시 편다

축축한 벗은 몸으로
이유 없이 꺼냈다가 들어 놓았다 하면서
파랗게 질식되어 흐늘대던 나물들이
하루종일 칭얼대며 보채다가
한쪽 구석에서 곰삭은 사랑가를 부른다

김정희 추사체처럼
후덕함을 꾹꾹 눌러 놓은
조막손 빗살무늬 탁본의 흔적들이
희미한 조명 아래 하얗게 앉았다.

노을은 그리움을 싣고

쑥스럽게 지는 노을이
서산에 걸터앉아
잠깐, 달콤한 여정을 푼다

노을에 반한 추억의 저수지가
여우 꼬리를 감춘 채
축축한 피부로 유혹하면
노을은 하늘까지 통째로 끌고 와
맑은 물에 몸을 헹구고

저녁은 어둠을 끌고 와서
탱탱 부은 사랑병으로 가린다

언제나 저녁이 쌓인 저수지에선
가슴이 넓어진 젊은 연인들이
노을 같은 그리움 끌어앉고
말랑말랑한 추억을 만든다.

옹달샘

따사한 햇살의 낮을 피해
수풀이 우거진 계곡
그곳을 헤치면
방아깨비, 가재가 꼼지락거리는
애야, 그곳에 가자
거기에 가면
우리 유년이 퐁퐁 솟아나는
어름같이 차가운 샘물이 있으리
우리 어릴 적, 해맑게 웃던
동그란 천진난만한
우리 얼굴들이 비추고 있으리

하늘이 통째로 내려앉고
시원한 바람이 모여 있는 곳
온몸을 발가벗고
늘 수줍은 듯 숨어 있는
애야, 그곳에 가 보자

너와 내 유년이 피어나는 심산유곡
초롱초롱한 눈망울
고웁던 네 모습 찾아보러
애야, 그곳에 다시 가 보자.

풍년 詩想

땀 냄새 전 바람이
노동의 시간들을 벗어 놓고
누리에 배를 깔고 자지러진다

어디에서 몰려왔는지 모를 새떼들이
갈 햇살을 물고 추신처럼 내려
누런 벼를 쪼아댄다

미소 가득한 허수아비 입에서
익혀낸 말들이 쏟아져
금 간 유리병처럼 깨져서
허공에 파열음을 낸다

서산 노을로 익혀낸 벼들이
내년 매상을 위해서
마지막, 젖은 몸을 널고 있다.

하얀 포말

파란 그랜드피아노 건반 위로
베토벤의 전원 교향곡이 구른다

바닷물을 물고 있는 축축한 백사장에
감동의 여운을 돌돌 말면서
몸을 뉘며 토해내는 진한 음률
코발트색 바다는 다시 속을 울렁이면서
격정의 악장을 재생해 낸다

파란 건반이 사르르 열리면
모래톱에 베껴 낸 희미한 악보
그곳에 포개고 지우며 부수어 가면서
파도는 위대한 장서 더미를 쌓는다.

신발 고백

당신의 삶의 무게를 견디면서
여기저기 발자취를 남겼어요

희로애락을 느낄 수가 있어
당신의 기분쯤은
발걸음만 보면 느낄 수 있지요

아침부터 저녁까지
노동의 흔적을 묻히고 돌아와도
한 번도 신발 끈 풀지 않고
편한 잠자리 마다하면서
당신의 문간방을 넘지 않았지요

지문이 다할 때쯤엔
당신의 체취까지 끌어안고
고물상으로 실려 가지요.

고양이

야트막한 담장 위로
적멸의 시간이 쏟아진다

슬그머니 나타난 죽음의 그림자
초조한 긴장감이 뛰어내리고
날카로운 두 발 사이 혈기로
어둠을 움켜쥔다

늦은 저녁상이 부엌으로 걸어 나오고
까맣게 타들어 간
각질을 벗은 밤이 〈안식〉을 내리면
허기진 배를 채우려는
사냥꾼의 시간이 시작된다

오싹한 살기로 이글거리는 눈
파발마 갈기처럼
수염을 빗살처럼 방사하면서
비린내 나는 곳을 향해
웅크리며 지루한 시간을 깔고 있다.

모란꽃 옆에서

찬란한 왕관을 쓰고
모란 성 밖으로 빠져나온 여신이
나른하게 하품을 한다

가슴이 탱탱하게 부어오르고
물기가 촉촉이 묻어
겨드랑이마다 가려운지
해 다발로 꽉꽉 긁고 있다

하얀 피부, 보드라운 살결이
학창 시절, 마음속에서
몰래 사모한 여인과도 같다

누군가에게 허물이 드러날까 봐
주위를 두리번거리다가
쑥스러워 가까이 가질 못하고
먼발치 물끄러미 훔쳐본다.

고동

몸속에 숨긴
모차르트 소나타 16번을 꺼낸다

접어놓은 주름 사이에 압축된
3악장으로 잘 구성된 매듭들이
아코디언처럼 접혔다 늘어나면서
파란 클래식을 연주한다

파도와 저항하며 몸에 새긴
갈색 상형문자는
마치, 복잡한 고전 악보 같다

밀물과 썰물을 견디어 내면서
바다를 담았던 비릿한 소금들이
미끈한 살결에 간이 뱄다

술상에 올려놓으니
모차르트의 영혼뿐만 아니라
별도 달도 해도 걸어 나온다.

꽃잔디

공동묘지 부족하여
정원까지 내려와서 웃는다

은하로 가신 어머니
자식들 불편할까 봐서
앞마당까지 찾아오셨다

모퉁이 담 한쪽에
햇살 한 줌 받으면서
야윈 삶을 널고 계신다.

아귀

비릿한 냄새로 반질반질하게 찌든
항구 바닥의 한쪽 구석에서
아귀가 푸대접을 받는다

같이 달려온 다른 고기들은
하나둘씩 주인을 만나 떠나는데
허기진 듯 숨만 헐떡인다

짤막한 키의 절반이 입
설움이 복받칠 때마다
바다를 싹둑 잘라 입에 물고서
점액질 파도를 토해내곤 한다

이따금 찢어진 험상이 굳은 눈으로
상대를 쏘아보며 겁을 준다.

울릉도 가는 길

도동항에 긴 밧줄을 메고
파도가 물을 물었다 뱉었다 하면서
고적한 꿈 섬으로 배를 밀고 있다

인공 섬 같은 빙하를 보면서
태평양 가운데를 무작정 방황하다 보면
몸에 박힌 삶의 파편들이
울렁울렁 속을 뒤집으며 요동친다

한바탕 격랑이 지나가고
옷고름 푼 푸른 섬이 알몸으로
해풍에 삭은 갯내를 앞세워 마중 나오면
괭이갈매기 날개를 접고
햇살은 바다에 깔아놓은 비단길을
주섬주섬 챙기며 금을 지운다.

봄을 채색하다

연두색 잎들이 쏙쏙 올라와
묽은 수채화에 유화를 입힌다

자고 있던 나뭇가지들이
깜짝 놀라 동그랗게 눈을 뜬다

모퉁이 세모진 꽃밭으로
점점 불이 옮겨붙더니
채송화에 빨간 불이 붙는다

공원으로 나온 여인들의 옷마다
초록빛 햇살이 붙어
뜨거워 폴딱폴딱 뛰고 있다

무언가 부족하다고
유치원에서 하원한 외손녀가
둥근 노란 달 하나 그려 놓는다.

찔레꽃을 보면서

어릴 때 찔린 가시
난, 아직도 뽑지 못하고 있는데

넌 무심하게 마음의 상처 감추고
매년 화려하게 흐드러지는구나

한숨과 외로움 깊을수록
난 그 시절이 눈에 밟히고
그리움의 사무침 흔들릴 때마다
아린 가슴 부여잡으면서
소중한 보랏빛 사랑 삭히는데

아, 넌 기다림을 잊고 사는지
하얀 안개꽃 속에서
새벽이슬 입술에 물고
저토록 꽃등만 밝히고 있는가.

아랫집 누님

아침마다 나무 울타리에서
물방울 말아 올리는 나팔꽃처럼
티 없이 맑게 산 아랫집 가족들

어느 날씨 흐린 날
불행이 한꺼번에 몰려오더니
개나리봇짐 들고 뿔뿔이 흩어졌다

봄비 올 때는 언제나
예쁜 손가락에 꽃물 들이던 누님

빈 꽃밭에 봉숭아꽃 여러 번 지고
봄비는 소식을 주고 흐느꼈다
술주정뱅이에 시집간 그녀
이제는 그마저도 은하로 보냈다고

난 어디엔가, 위로를 보내고 싶었다
흐린 날에도 꽃은 필 것이라고
누님의 열 손가락에 핀 봉숭아처럼.

꽃밭에서

사랑이 배란기를 맞은 꽃밭
연필심 세운 꽃들이
후줄근하게 봄비를 맞고 있습니다

요 며칠간 나 보란 듯이
짱짱하게 서 있던 요정들이
오늘은 많이 지쳐 보여 안쓰럽고
때로는 펑펑 흐느낄 때마다
덩달아 가슴이 찡하게 울려옵니다

봄비가 때를 잘 맞춘 듯합니다

여운이 없는 클라이맥스보다는
늘 아쉬움이 행복이라고
몸으로 살짝 표현하는
사랑의 울먹임을 보고
그저 가슴이 먹먹합니다.

찔레꽃 연가

저 부서진 하얀 웃음 속에는
내 연민이 묻어있네

쓰고, 지우고, 찢어버리면서
밤을 새운 하얀 연서들이

벙어리처럼 입술이 꽁꽁 얼어
부끄러워 애만 태우던
사춘기 때의 시절들이

뒷도랑의 개울 물소리에 휘감겨
이슥한 밤을 태워 가면서
애간장 녹이던 아린 사연들이

아, 아직도 미련으로 얼룩져
얼키설키한 생채기로 남아있네.

겨울 잠바

장롱을 열다가
뒷줄에 무겁게 걸려 침묵하는
어깨 처진 겨울 잠바를 본다

자크 아래까지 흘러내린
털어내지 못한 지난날 그리움들
눅눅한 좁은 장롱 속에서
가슴골 풀고 끙끙 앓고 있다

갈급한 기다림 아랑곳하지 않고
어깨 등을 훑고 지나갔던
꽉 짜면 뚝뚝 떨어질 것만 같은
척추 휜 바람
녹슨 옷걸이에 늘어져 있다.

해바라기

여름내 검은 태양열을 불러들여
태운 노란 미소
알알이 들어와 박혀
야무지게 익히고 있네

넓적한 얼굴
공간이 부족하다고
외손녀가 노트로 옮겨와서
옆에, 또 위아래에 뿔이 난
미소를 그리고 있네.

제2부

호박꽃

초여름 6월, 시골 담장에
노랗게 핀 호박꽃
누가 보든 말든 오순도순 애정 행각
특별히 밤과 낮이 따로 없다

수꽃에 넋을 빼앗겨
참사랑 넝쿨손 살며시 뻗어 올리면
그리운 임, 담을 타고 마중 나와
첫 순정에 인연 맺는다

특색도 없으면서
향기도 뿜지 못하는 죄꽃 같지만
부러울 만큼 진한 사랑과
오직 외곬 같은 노랑 빛 지조

어설피 착하고 순해 보이고
때로는 천박하기까지 해도
무향 무취 속에 여성스러움일까?

순수한 감정에 마춰된 듯
덤덤한 정 하나에 넋을 잃은
저, 꿀벌들의 프러포즈.

늙은 여인들

청춘이 빠져나간 여인들이
양지바른 벽 쪽에 나란히 서서
인생을 나른하게 말린다

햇살 한 줌
앙상한 뼈대 사이를 파고들어
나긋나긋 풀어주면
못다 한 말문이 열리는가!
거죽 같은 잇몸 오물거리면서
인생을 잘근잘근 씹으며
살아온 길 되새김질한다

이마에는 깊게 그어진
생의 파도가 출렁거리면서
추목화가 일렁거린다.

분교에서

이제 막 젖 뗀 아이
부모 곁을 떠나보내면서
아침저녁마다 우는 슬픔처럼

모정이 그리웠던 곳
매일 밤을 그리움에
보채다가 지쳐
너무 지쳐서 잠들었던 곳에

소슬바람이 단풍나무 잎을 흔들어
외로움도 잊게 하던
아, 그곳에는 가슴 삭히면서
영원히 잊지 못할
내 짝사랑도 함께 있었네.

누님

아랫집 누님은 눈물이 많다

꽃잎에 맺힌 아침 이슬처럼
추적추적 흐느끼는 늦은 봄비처럼

여명이 솟기 전 아침
헝클어진 장독대 꽃밭에서
열 개, 손톱 마디마디
남몰래 봉숭아 꽃물 들이면서
늘 안개꽃같이 누군가를 연모하며
축축한 그리움 지폈던 누님

언제나 언제나 사월만 되면
아랫집 누님은 혼자 한숨만 쉰다
처음엔 정말 몰랐는데
이제는 사랑병이라는 걸 짐작한다
누님의 봉긋 솟은 가슴에서
갑자기 넓어진 숫처녀 엉덩이에서.

요양원에서

요단강으로 떠날 나이
삶이 얼마 남지 않은
미라 수준의 할머니가 요양원으로 왔다

차마 버린다고는 말 못 하면서
편하게 모시고 싶어 왔다는 자식들
수습을 끝내자 휑하니 나간다

양심은 없고 가식만 있는
얄팍한 입술의 변명
"엄마, 또 올게."
우물처럼 깊게 들어간 눈가에
그렁한 눈물 맺힌다.

찔레꽃 유혹

아린 아픔을 찔려 가면서까지
매정하게 떠나보내더니
기억의 모퉁이에서
다시 그리움을 소환하는 몸짓에
잠시, 흔들리는 연민

대체, 어쩌라는 말인가!

까만 재까지 헤집으면서
남은 미련을 파고드는
하얗게 하얗게 부푼 순정을.

빨래

긴 장대 끝에 하늘을 걸었다

산 내음이 허공에 몸을 헹구고
욕망이 펄펄 날개를 폈다

먹잇감이 있을까 하고
둔한 바람이 입질을 한다

세차장의 마지막 청소부처럼
태양은 따끈따끈하게
찌든 노동의 흔적을 지운다

생기가 빠진 마른 삶의 일생이
허공에 대롱대롱 매달렸다

저녁노을 너머에서
체온이 느릿느릿 걸어 나온다.

DMZ

나는 따뜻한 남녘의 쪽빛을 타고
너는 동토의 날카로운 시베리아 기단의
귀 시린 바람을 타고 내려와 우리
낙원처럼 펼쳐진 천혜의 비무장지대 안에
우리만의 섬 하나를 만들자

순수한 혈통만 지켜온
겨레의 생물만 온전히 보존하게
서해와 동해, 남해의 따사한 바람을 일으켜
기름지고 융 같은 155마일 광활한 대지에
우리의 정성을 심고 가꾸자

그리하여 국토의 중간
백두 산맥에 파란 평화를 서리서리 심어
고통과 아픔이 사라지게
꺾인 허리에 부목을 대자

그곳은 육지에 있는 고요의 섬
하늘에는 긴장하지 않는 새가 날고
습지에는 파충류가 지뢰도 무섭지 않게
자유로운 갈지자를 긋고 있는
인류 유일의 원시림을 지켜낸 곳
다음다음 세대를 위해 방풍림을 심어
십 년, 이십 년에도 영원히 보존되는
우리의 무풍지대를 가꾸어 가자구나.

운동화

아끼는 운동화가 있다

내 몸과 떨어지기 싫어서
자기 살점까지 내준다

오물을 묻히고 들어오면
자기의 살을 비벼서 털고

일부러 험지를 돌아다니면
아픔을 참으며 입술을 깨문다

얼룩진 삶의 무게를 견디면서
굳은살 붙은 부끄러운 내 역사가
짚신 모양의 낙관을 찍는다

눌린 벌거벗은 속살이
덕지덕지 찌들어 있다.

봄꽃

옆구리가 근질근질하여
가려워 박박 긁더니
마침내, 참을 수 없었던지
한 움큼씩 봄을 물고 나온다

젖가슴은 봉긋해지고
늘어져 쭈그러진 피부가
목욕탕에서 탱탱 부어오른 몸처럼
속살을 들이밀면서
빨간 피멍을 톡 터트린다

떡 벌어진 어깨 틈이 열리고
세상으로 소풍 나온 새내기들이
여기저기 재잘재잘 수다를 떨며
재롱잔치를 벌리고 있다.

달맞이꽃 옆에서

노란 달빛 아래에서
사랑병을 앓고 있는 꽃을 보라

분분한 언덕에
연모하는 그리움을 삭히면서
혼자 애간장 태우는 꽃을 보라

달을 피워 올리는 밤이 오면
입술을 오므렸다 폈다 하면서
애잔한 시를 풀어내는 꽃

첫사랑 얼굴 닮은 달을 보면서
노란색 꿈을 부둥켜안고
자정 너머 지루한 시간을 깔고 있는
저 가슴앓이하는 사랑을 보라.

산수유

나무로 뛰어내린 봄이
또르르 굴러내려
자고 있던 나뭇가지
겨드랑이 사이사이에서
동그랗게 놀란 눈을 뜬다

물기를 문 나무마다
머리를 빗은 꽃들이
입에서 입으로 모종을 하듯
재잘재잘 수다를 한 움큼씩
노란 입술에 물고 있다

결혼을 앞둔 예쁜 예비 신부
단장이 가꾼 생머리에
금으로 만든 면류관을 쓰고
반가운 신랑을 마중하는 듯
양팔을 크게 벌리고 있다.

안식을 견인하다

잠깐의 샤워로 외형을 위장한
성형수술 한 삶이
하루의 짐을 소파에 부려 놓는다

묵직한 삶을 체험한 흔적이
곳곳에서 삐걱거리고
구부러져 꺾여 있는 신체들이
구석구석에서
조그만 소요들을 일으킨다

긴장과 풀림의 틈 사이로
점점 나른한 하루가 침몰하고
잠깐 가두었던 평온이 풀리면서
저녁의 삶을 연습 중이다

뻐근한 휴식의 언저리에
어둠이 잦아들고
별과 달이 하늘을 가득 메우는
사색의 공간을 복원 중이다.

복수초

겨우내 웅크린 몸을
빙하의 녹은 물로 씻어낸다

늘어진 젖가슴 사이에
청진기를 대고
혈관에 심폐 소생을 하자
냉동된 생명이 조금씩 신음을 한다

마침내, 하늘이 열리면서
노오란 물감이 쏟아져
꽃잎 안에 가득하다

동토가 긴장이 헐거워지고
구멍 난 계절의 틈바구니 사이로
봄이 수압을 밀어 올리자
재잘재잘 이브들이 수다를 떨더니
비탈진 동산에다
살찐 달 하나 그려 놓는다.

고사리

세상의 고난을
어떻게 미리 알았기에
엄마의 뱃속에서부터
야곱*처럼 끝까지
잡은 것 놓지 않으려고
가냘픈 아기 손
꼬옥 움켜쥐고 세상 나왔네

그러다가 죽어서까지
욕심 버리지 못하고 한이 되었나!
다섯 손가락 주먹 쥐면서
무덤 헤치고 다시 솟았네.

* 야곱 : 구약에 나오는 이삭의 둘째 아들. 손으로 형, 에서의 발꿈치를 잡고 나옴.

가을에

그 많은 환상은
어느 시인의 사색에 지워졌는가!

흐릿한 가을 창가에
핏기 없이 말라붙은 지난날의 낙엽은
어떤 소녀의 슬픈 사연이기에
그렇게 목 놓아 울고 있는가!

마치, 아라비아 한 성의 공주처럼
외론 사랑병에 목말라
매일 가을비 맞고 산 여자

가을에, 가을만 되면
되새김질하듯 나타나는 계절병
사랑이 굶주린 가을 여자를 찾아
난, 매일 밤 초라한 목마를 타고
은하로 간 그녀와의 만남을 꿈꾸리.

새

언제나 앉은 자리
아쉬움을 남기고 간다

바람 같은 나그네처럼
늘 떠나고 또 떠나지만
그래도 미련 남아 깃털을 떨군다

늦겨울, 서러운 새 한 마리
행여 그리운 품 다시 찾아올까
온기로 데운 보금자리가
솜이불처럼 포근하다

숲에 걸어두고 간 그리움
똘똘 만 전셋집에
아린 사랑 심고 떠난다.

봄이 오는 길목

봄은 이제 아장아장 발을 떼는
외손녀 발걸음에서 온다

봄은 얼굴에 여드름 군데군데 피면서
사춘기를 퐁당퐁당 건너는
누나의 팔랑거리는 머리에 꽂은
나비 머리핀에서 온다

시냇가의 능수버들
늘어져 자장가를 부르고
헐벗은 들녘에
파릇파릇 새싹이 돋아 오르면

볼록이 솟은 젖가슴처럼
임을 만날 두근거림으로 앓아 온
사랑병 치료할 해열제로부터 온다.

영산홍

열 듯 다물 듯
애간장 태우다가
진이 다 빠질 때쯤
벚꽃이 즈려밟고 간 길
마치 복습이라도 한 듯
맥 빠져 뒤늦게 벙그는
초라한 봄의 행진곡

수줍게 아침 입술을 연다

혼자는 부끄러워
모여, 모여서 시위를 하는
늦은 이브의 질투심을 보소.

사막의 낙타

고생대 때로부터 길러 온
치렁치렁한 머리를 이고
태양 돔을 정면으로 안고 걷는다

귀를 열고, 닫으며
뱉어 놓은 시간들을 오물거리면서
목적지에 언제 닿을지도 모를
사막의 신기루를 향해
고무신 뒤축 자국만 타박타박 남긴다

무릎까지 쌓인 짐을 부리면
아라비아반도의 더위가 희미하게 지운
두 개의 뾰족한 산맥이
살아있는 화석처럼 우뚝 서 있다.

노을은 그리움을 싣고

서원생 제7시집

제3부

여명의 행간에서

하늘로부터 빛이 쏟아지면서
적요의 치맛자락이 벗겨지고 있다

아침 안개로 가린 뿌연 목욕탕
눈물 때로 얼룩진 회색 건물들이
까치발로 일어선다

진한 사랑과 이별 사이에서
눈물을 머금고 있는 화분의 꽃들이
그랜드피아노 음률에 깨어난다

지독한 불면의 시달림 속
성을 쌓고 있는 침실에
익숙한 바른생활이 몸이 밴
아랫집 장닭이 홰를 친다.

까치 소식

아침 공기 날라 온 감나무에
까치가 소식을 물고 온다

하늘을 쪼는 징조가
길조임이 분명하다면서
아내의 얼굴이 아침 햇살처럼 맑다

간밤에 돼지꿈을 꾸었다면서
복권을 산 꿈 많은 친구처럼
기다림이 그네를 탄다

얼기설기 엮어
바람구멍 숭숭 뚫린 창문에
진한 라일락 향기 폴폴 지피는
희소식 걸려 있으면 좋겠다.

저녁

몰려다니던 구름 떼들이
커다란 화폭인 양
서산을 붉게 채색한다

어디서 몰려왔는지도 모르는
저녁 새떼들이
고향집 울타리에 쏟아져 내린다

허공에 몸살을 하면서
하루를 활활 태운 태양열이
검은 숯덩이를 남긴 채
흙빛 어둠이 초벌구이 상태로
식탁에 자리를 펴는 시간

흐트러진 옷깃을 여미면서
어머니가 아궁이에 지피는
대나무 마디마디의 재가
하루의 시간을 조각하며 남긴다.

고드름

지붕에서 내려온 사리꽃이
거꾸로 매달려 있네

동토가 조각한 처마 밑
지독한 가난으로 신음한
삶의 애환까지 서려
겨울 나이테가 굵어졌네

부서지는 햇살 아래에서
미아로 산 세월이
눈물로 얼룩져 떨어지네

지붕 끝에 핀 그리움이
아쉬움을 느끼기도 전에
금방 맺혔다 사라지네.

고사목

태어났던 그 자리에서
조용히 열반에 드는 고사목

오직 들리는 것은
가지 끝에서 목 놓아 울면서
사바세계로 재촉하는
산바람뿐

날숨과 들숨이 점점 깊어지고
아무리 사랑을 해도
습기가 여름철 밭작물같이 메말라
감각이 무디다.

봄맞이

한번 허리가 꺾여
몸을 만 추위가 하품을 한다

눈부신 따사한 햇살에
구부러진 곡선이 풀리면서
둥글게 접힌 굴절된 삭신이
삐걱거린다

웅크린 음침한 겨울 그림자도
나른한 햇살 속으로 숨어 버리고
팽팽하던 긴장감도 풀려
초록빛 물감이 번진다

아직도 얼얼한 땅을 헤집고 나오는
푸른 새싹들을 위해
해체된 계절이 흘리고 간 슬픔을
휴지통에 주워 넣는다.

야자수 나무

멀리 호주의 케언즈 여행에서 만난
사막의 낙타 귀같이
축 늘어진 큰 잎사귀 몇 개로
태양 지붕을 가린 야자수 나무

비스듬히 누워 헉헉대면서
잎사귀, 잎사귀 사이에서
마지막 힘으로 바람을 털어냈다

파란 엽록소 잎맥 갈피갈피
빗살을 온몸으로 거두면서
방열목을 자처한 야자수 나무

바람과 햇살에 패인 등걸에
삶의 상처가 부푸러기로만 남아
앙상하게 휘어진 여정의 뼈대가
석양에 겹쳐 일렁이는데
비틀거리는 여전사를 받쳐 줄
세상의 지지대는 아무도 없고.

진달래꽃

김소월을 한번 울리고 간
눈물진 이별 사랑

내 가슴 속까지 후벼 파놓으려나

무거운 처녀의 시집살이
누군가에게 하소연하고 싶을 때
어머니가 항상 시선을 고정했던 곳
비탈진 산기슭 초록빛 틈 사이에서
마치 한 맺힌 마음 위로하려는 듯이
울긋불긋 달아올라서
환하게 미소 짓고 서 있네

마음 같아선 다가오고 싶은데
땅속에 발목이 박혀 할 수 없이
산바람에 빨간 융단을 깔며
흔들흔들 꽃술을 흔들면서
마음만 바람에 실려 보내네.

항구에서

매혹의 선창가에
밤의 서걱거리는 소리가 들린다

항구에 매어 둔 선박 두 척이
풀려나가지 않으려고
서로 몸을 부딪치면서
파도에 맞서 처절하게 울부짖는다

밤으로 갈아입은 항구의 도시

어둠으로 메운 거리마다
고향을 등진 외로운 탄식 소리가
축축하게 녹아 있다

하늘엔 찌그러진 개바라기 별 하나
깜빡거리며 소동을 일으키더니
마을 위로 조명을 켜고 있다.

꿈

내 생명의 바깥쪽에
다른 세상이 존재하는 줄 몰랐다

밤이면 밤마다
불멸을 뒤척이며 시달리다가
곤한 잠에 이끌리어 따라가 보면
내 삶을 베껴 놓은 듯한
안개 저편에 내 생의 외경

때로는 까만 잿빛이었다가
때로는 신기루 같은 희망들이
물방울처럼 피었다가 지는 공간
모처럼 나는 주연으로서
까만 밤에 가려진 혼돈의 도시를 지피려고
매일 밤 끙끙 앓고 있었다

그리고 다시
보석같이 뿌린 별 무리 사위어 가면
난 새벽처럼 고운 실비단 물결에 실려
다시 빨려온 블랙홀 쪽으로 향하여
지펴온 환상을 야위었다.

늦가을의 소묘

한 줌으로 움츠린 볕이
오두막집 마당의 추위를 녹인다

쪼그라진 볕들을 쓸어서
한갓진 모퉁이로 모은 바람이
담벼락에 부딪혀
공기 빠진 풍선처럼 눕는다

앞산은 제 허물을 쓸어내리고
몸을 만 가을 낙엽들이
모닥불 불쏘시개로 하늘을 난다

하루를 소문 없이 그려낸 노을이
수줍게 인사를 하고
겨울 준비로 바쁜 노파의 이마에
세월이 주름 한 줄을 긋는다.

내 생일

즈믄해의 끝자락이
여린 감나무 가지에 매달렸다

음력 시월 초이튿날
캄캄한 움막 같은 좁은 방안에서
어머닌 날 포대기에 품으셨다

새벽, 까치 한 마리
감나무 가지에서 우리 집 쪽을 향해
까악까악 내 출생을 알리고
태양은 빨갛게 허공에 피를 쏟았다

할머닌 여명이 벗겨지기도 전에
대문에 숯과 고추를 듬성듬성 끼운
새끼줄을 느슨하게 내걸면서
입이 귀에 걸렸고
나는 세상에 울음으로 신고했다.

산사

묵언수행 중인 산사
적막이 똬리를 틀고 있다

산울림마저 숨죽이면서
손가락을 입술에 대고
정숙하라고 경계 표시를 한다

바다에서 따라온 물고기까지
대웅전 지붕에 걸려
낚싯바늘에 꿰어 매달려 있다

절 마당에 핀 봄꽃들이
향기로 유혹하면서
막혔던 가슴을 뚫어주고
멋모르고 달려온 바람은
대웅전 문턱에 걸려 넘어졌다.

망향 휴게소

그리움 가슴에 삭힌 사람들을 위해
아스라이 절벽에 누워
뾰족한 젖가슴을 내주고 있다

이따금 느낌표 같은 쉼 얻으라고
소용돌이 물결처럼 똬리를 튼다

한 서린 실향민의 마음
모아 모아서
파란 물결에 순 죽여 나온
진한 아메리카노 커피 한 잔
여유를 끓여서 데워서 나온다

비릿한 어머니의 생각에
속마음 울컥하면서
눈가에 그렁그렁한 눈물 맺힌다.

복사꽃 필 때면

사월의 봄바람에 휘는
복사꽃 지피는 그리움
지난 추억을 꺼내 되새김하면
층층 계단 다랑이논을 타고
날씬한 허리 휘는 첫사랑이 분다

심란한 이슬비는 오작교 건너
견우와 직녀의 만남처럼
무지개 구름다리 늘이고

파란 하늘은 내려와서
내 무지개색 그리움을 낚아
허망한 연애편지를 채운다

복사꽃 필 때가 되면 언제나
내 아버지는 헛기침을 하면서
누렁이 몰고 쟁기질을 한다.

고청의 비석을 보면서

아침 햇살을 바라보면서
누워 있는 선비

곧은 절개를 다시 소환하자
몸을 일으켜 세운다

가슴에는 장문의 서사시를 새기며
붉은 피를 토하고 있고
청빈한 삶이 몸속에 배어
아직도 몸에 이끼를 덮고 있다

몸에 음각한 강직한 삶이
비석의 동맥에 피로 얼룩져 있다

아침마다 영롱한 빛이
어루만지며 위로한다.

* 고청 : 이천 서씨의 중시조, 고청 서기.

초승달

저녁도 거른 새벽별이
바람에 파먹힌 초승달을 끌고 왔다

고물상에 처박혀
좁은 미간을 찌푸린 얼굴에
눈썹을 그리고, 피부도 편편하게 펴서
하늘의 중심에 달아 놓았더니
외손녀가 동화책에 박힌 별들을 떼와
행간과 행간 사이에 붙였다

남은 여백을 채운다면서
은하수가 고이고 고이더니
마음속에 미처 거두지 못한 그리움이
파도처럼 밀려왔다.

섣달그믐 밤

혹여라도 톡 건드리면
움켜쥔 전설이 쏟아질 것 같다

초저녁부터 어머닌
아껴둔 전등에 불을 붙이고
대낮처럼 집을 밝히셨다

밤늦게까지 할머닌
잠을 자면 눈썹이 하얗게 된다면서
조는 우릴 야단치셨다

이른 저녁 아랫집 아저씬
우리 집에 잠깐 다녀가셨는데
어린 우린 영문도 모르지만
어른들은 아시는 듯 덕담을 나누셨다

음력으로 한 해의 마지막 밤은
너무 춥고 길었다.

탱자나무의 추억

서산에 저녁노을이 걸치면
그 탱자나무 울타리에
노란 달덩이 걸린다

마디마디 아픈 추억에 찔려
붉은 노을처럼
눈물을 달고 있는 탱자나무

젖가슴 탱탱한 아랫집 누님
팔려 가는 심청이처럼
탱자나무 장독대 밑에서
매일 눈시울을 붉혔는데
지금은 어느 집 마님이 되었을까

추억의 탱자나무에
세월이 자리잡고 앉아 있다.

참새떼

가시에 찔린 노을을 쪼기 위해
탱자나무에 까맣게 매달린
저녁 참새떼

용케도 바늘 가시를 요리조리 피해
한꺼번에 소복이 쏟아져서
눈칫밥 먹듯 급하게 쪼아 먹고
푸드덕 허공에 빨랫줄을 넌다

그러다가 떨어뜨린 물건이 있는지
다시 탱자나무 숲에 드는
저녁 시간 짓는 참새떼

노오란 탱자 씨를 쪼아서
흔들리는 사색의 솥에 넣고
추억을 모락모락 지핀다.

제4부

수평선

파도가 구부려 놓은 물결을
평평하게 펴서 다지는
파란 괴력의 선분 밑으로
헐떡거리며 따라온 저녁놀 떨어지고
파란 은하수가 쏟아지고

어릴 적부터 집어등만큼 키운
가물가물한 꿈이 침몰하고

또 하얀 그리움이 피고 지고.

열대야

밤이 푹 익어 부었다
덴 살을 가리기 위해서
어둠을 끌어안고 있다

귀뚜라미는 더위를 식히기 위해
빗자루를 들고
삶의 건더기들이 널려 있는
구석구석을 쓸고 있다

자정이 겨우 되고서야
열돔은 흐르는 은하수를 받아서
식은땀을 씻어 내린다

어둠을 깔고 있는 더위가
빠져나갔는데도
응고된 휴화산처럼
내 안에 숯덩이는 남아 있다.

능이

털을 뽑은 오골계의 살갗처럼
검게 허리가 휜 능이가
오리탕에서 향을 지피고 있다

쓰러져 가는 시골 맛집
오리탕 김이 오른 냄비를 열자
젓가락이 서로 자리다툼을 한다

유명한 주연을 제치고
슬그머니 딸려 나오는 우주의 신비
그리하여 사람들의 입에서
일 능이, 이 송이란 말이
맛에서 입으로, 입에서 맛으로
전해오는구나.

나팔꽃

수줍어 입을 가리고 참다가
아침 햇살에 하품을 한다

새악시 같은 눈에
송골송골 맺힌 눈망울
아직도 슬픈 사연을 달고 있어

다가가 안부를 묻자
입을 가리며 부끄러워서
배시시 몸을 꼰다

끼리끼리 모여 있을 땐
하늘을 날 것같이 발랄해도
홀로 떨어져 있을 때는
한없이 부끄럽고
그냥 수줍기만 해.

양미리

출렁이는 동해의 부둣가
텅 빈 경매장의 한구석에
비릿한 양미리의 사체들이
순식간에 후각을 마취시킨다

시장을 느낀 헛바닥에서
관능적으로 둔한 침샘이 돌고
불맛에 단련된 미각들이
젓가락 한 짝씩을 들고나온다

제 몸에 달린 노를 저어
망망대해를 유영하는 꿈을 접고
마침표를 찍는 외길이
아, 어쩌다 저녁 술상이었을까

소금물에 간이 밴 양념들이
노릇노릇한 냄새가 김 오르면
허기를 느낀 젓가락이 가는 곳마다
빗살무늬 뼈의 구조가 나타난다.

정상

속살을 내주기 싫은 안개들이
하얀 자존심을 풀면서
정복자들을 향해 저항하고 있다

대개는 시야를 가리면서
부끄럽게 알몸을 가리지만
공주병이 목까지 찬 허영심들은
부유물을 띄워 승천을 한다

그러나 마지막까지 자존심인 양
정상의 표지석이 가로막고 서서
하늘길을 가리고 있다

곳곳에 많은 잔설들이 묻힌 곳에선
머리를 곱게 빗은 눈잣나무 군락들이
낮은 자세로 엎드려서
눈가에 눈물을 달고 있다.

입동

몸을 잔뜩 웅크리고 있는
버려진 길고양이처럼
나른한 햇살이 긴 꼬리를 감춘다

하늘을 벤 앞산은 서둘러
두툼한 검은 옷으로 갈아입고
느긋한 온돌방을 데우느라
어머닌 아궁이에 불을 지핀다

한 평만 한 낮의 길이에
바쁜 일과가 정신없이 돈다

세상 짐을 진 할머니마저
곡선을 만 채로 나와
구부러진 지팡이를 짚고
시간을 한발, 한발 떼신다.

폭염에서 만난 갈 소식

달아오른 거대한 가마솥이
수은주를 맨손으로 펌프질한다

캐주얼한 복장의 캐스터는
손끝으로 여기저기 불을 지핀다

기진맥진한 불덩어리 일상에서
미세한 바람에 실려
우연히 길에서 만난 갈 소식

땀을 뻘뻘 흘리면서도
목청 부르짖는 가을벌레들
부대끼는 일상으로 돌아와도
기억하면서 힘을 얻으리라
더운 땀을 훔치며 참으리라
가을 흥분을 끌어모아 참으리라.

칫솔을 보면서

세면장 안에서
칫솔 넷이 나란히 꽂혔다

지난번 괌 여행을 할 때
딸이 함께 사다 준 칫솔
똑같은 시기에 기념한다고 썼는데
유독 눈에 꽂히는 칫솔이 있다

오른쪽 맨 끝줄에서
하얀 잇몸만 남은 채 신음하는
모가 벌어진 칫솔이
이웃집 아주머니 처진 피부처럼
볼륨 없이 숨만 헐떡대고 있다

관심 없이 노동만 시켰더니
아, 그랬었구나
여기까지 근심 없이 온 삶도
네 희생에서 비롯된 것이라고.

보(堡)를 보면서

냇가야, 고향 시냇가야
왜 너 목말라 신음하느냐

역사를 유유히 끌어안고
파란 허물을 쓸고 가더니만
결국 팔, 다리 다 끊고서
속세의 인연까지 잊으려고
그동안 속울음까지 앓았느냐

파란 기억의 건너편으로
퐁당퐁당 징검다리 건너던
조잘거리던 추억마저 지우려고

아, 냇가야, 고향 냇가야
너 목마름 참아가며
쇄골 드러난 마른 몸으로
부피까지 줄여가면서
지쳐 맥없이 흐느끼고 있구나.

전선야곡

적막이 흐르는 철책에
가을벌레 울음 낮게 깔리면서
그리운 고향 곡을 불러낸다

이슥한 전선의 밤
별빛은 무명고지 아래로 쏟아지고
어둠이 하늘을 끌어내리면
수많은 은하수 앞에서
천상의 비창 소나타 쏟아진다

가을 축제가 깊어가고
애잔한 가곡 속에 녹아들다 보면
목마른 그리움은 사라지고
심장을 펌프질해 내는 신음

긴장과 불안 사이에서
평화의 늪에 푹 빠져있다 보면
졸음은 가물가물 철책에 걸린다.

장독대 사랑

어머니의 간절한 치성이
무색의 아지랑이로 오른다

불길한 예감이 들 때마다
언 두 손을 모아서
겨울 왕국을 이겨낸 기도

삭풍에 굵어진 눈발도
어쩔 수가 없었나!

절절한 모정의 통곡에
한기도 한발 옆으로 비켜서
정한수에 몸을 푼다.

개구리 울음소리

우울했던 창문을 여니
아버지 추억 같은 개구리 슬픈 울음이
어둠을 따라 왈칵 품안에 안긴다

가끔 논길에 까치발 들고 서면
이슬비 같은 추적거림으로
〈개구리 노래를 한다〉가 걸어온다

질긴 팽팽한 모내기 줄 놓고
개구리 합창 노래를 듣던
한여름 밤의 오케스트라 흐르는 곳

연민이 흐느끼는 밤
푹 절인 달빛 아래에서
밤이면 벙그는 달맞이꽃처럼
추억의 수렁에 빠진 사무침이
6월의 밤을 채색하고 있다.

고향집을 보면서

뒷산, 승천하는 보름달을 끌어내려
가슴에 품은 집

도랑까지 내려온 멧돼지 떼
입맛 다시다가 돌아가는
위험이 아슬아슬한 꼭대기 집에서
오 남매, 거친 손으로 키우시던 어머니
야트막한 앞산에 묻더니
너도 더불어 흙냄새를 맡았나!
까치집같이 바람 숭숭 뚫려
자연사 박물관처럼 변했네

검버섯 쌓인 감나무 한 그루
헐떡거리며 빈집 지키네.

우산봉 가는 길

어머니 등줄기 같은 산길을 걷는다
잊혀가는 생의 인연처럼 지워졌지만
희미한 곡선이 그래도 정겹다

어릴 때부터 익숙한 산길
눈물 같은 축축한 낙엽이
반갑다고 속울음을 하면서
밟을 때마다 젖은 몸을 뒤집는다

해송은 뜨거운 햇살 아래에서
푸른 솔잎을 털면서
오솔길을 시원하게 벗겨내고
매미는 여름 한 철
제 허물까지 벗으면서까지
긴 여정을 동행해 주었다

축축한 추억으로 두툼하게 포장한
길 위에 길, 포근하다.

신불산 억새

내 세상을 두 번 산다면
한번은 신불산 억새처럼 살다 가리

통도사 불심을 붉게 태우다가
단풍과 함께 올라온 두 번째 여행길에선
서산에 반나체로 누운
핏빛 노을을 바라보며
갈바람에 몸을 맡기는 억새처럼
흰머리를 폴폴 풀면서
꺼져 가는 세월을 유혹하며 살고 싶으리

"너는 흙이니 흙으로 돌아가라."는
성서의 말씀처럼
이미 숙명의 억센 세상도 살아 봤으니
남은 두 번째 바람에 맡긴 삶은
늘 누군가에 기대면서
처녀 허리처럼 낭창낭창 흔들리는
사랑에 목말라하는 억새처럼
내 영혼에 그리움의 때를 묻히며 살리라.

파도의 분노를 보면서

겹겹이 쌓인 세상의 때들이
밀물에 밀리고 썰물에 쓸려서
바다까지 오면
퀘퀘한 냄새로 진노하는 파도

잔인한 포세이돈의 난폭성 앞에서
하루에도 수도 없이 반복하며
애꿎은 바다는 뜯기고 깨지면서
하얀 거품으로 소멸한다

그래도 끊임없이 계단을 따라 내려오는
바다의 거친 찌꺼기들의 운명이
마치, 여름밤 가로등을 향해 돌진하는
하루살이의 여정처럼
신의 분노 앞에 부서져 하얀 재로 남는
미련한 도돌이표를 왜 하는지.

오징어잡이

수평선에 모인 오징어잡이 배들이
만선의 꿈을 끌어모은다

가물가물 여명의 시작점에서
옷고름을 푼 푸른 고깃배들이
하늘 높이 주낙 등을 걸고
하얀 생명줄이 어둠을 향해 날아가면
수평선 끝 마을에선
현란한 도시 하나가 세워지고
요란한 빛들이 쏘아 올린 위성에
은하수들이 바다로 떨어져
하얀 윤슬처럼 반짝인다

삶이 물구나무로 서 있는 밤
난장들이 쏘아 올린 물총에 맞아
하늘에 포물선을 그으면서
축축한 생을 접는 오징어들

피로와 한숨과 기쁨의 과정을 거쳐
만선의 깃발을 세울 때쯤 되면
잠을 설친 해무 사이에서
태양이 거슴츠레한 눈을 뜬다.

묵정밭에서

낮익은 적요한 풍경이다

곳곳에 손에 묻은 지문을 지운
밭 흙들이 키 높이 풀에 절어 있다

햇볕은 얕은 골짜기까지 내려와서
갈증을 축일 개울물까지 말렸고
사막의 오아시스 같은
생의 마지막 목줄인 옹달샘까지 메워
숨이 턱턱 막혔다

지난날, 자연의 놀이터에서
고장 난 구형 카세트처럼
삐걱삐걱 소음 들려준 뻐꾸기 벗 삼아
허기를 채우던 밭 너머
잠시 먼 날의 휘황한 꿈을 꾸어 본 적 있던
긴 한숨과 희망을 심은 곳

그 흙 속을 다시 뒤집어 보면
그래도 도란도란 우리의 가족사가 있다.

단풍 환상

찌그러진 붉은 잎들이
조리개 안으로 빨려 온다

여름을 태운 태양이 들어 있고
내 몸속에서 억지로 짜낸
소금꽃이 알알이 밝혔다

붉은 피부 빛 여인을 기대한
어지러운 환상이 깨지고
타고 주름진 여정이 내려 보인다

아직도 지쳐서 한숨을 쉬면서
마른나무에 걸터앉아
날숨을 재우고 있는 반라의 슬픔이
서로를 보면서 웅성대고 있다.

| 작품 해설 |

자연의 애환과 함께하는 삶의 시
— 서원생 7시집 『노을은 그리움을 싣고』를 읽고

문학박사 이 종 희

 시를 찾는 것은 잃어버린 고향으로 돌아가는 것이 되고, 시를 감상하는 것은 분주한 일상을 핑계하고 외면했던 자연을 완상하는 것이 된다. 시를 대면하는 것은 헤어졌던 첫사랑의 임과 재회하는 것이 된다. 시를 통해 멀리했던 이웃과 가까워지고, 소홀했던 순수의 서정의 세계와 함께하면서 세속의 때를 벗겨내고 오염된 욕망을 뿌리칠 수 있다.
 언젠가 데뷔작이 대표작이 되고 은퇴 작품이 된다는 말이 유행어처럼 화제가 된 적이 있다. 그만큼 시를 창작하는 것이 얼마나 고된 작업인가를 웅변적으로 증명하는 것이기도 하다. 시집 탈고하는 것을 임신부가 태아를 열 달 동안 자기 뱃속에서 고이 길러 세상에 내보내는 산고에 비유하기도 한다. 신생아가 곱게 자라 어엿한 성인으로 미모에 탁월한 재능을 갖고 걸출한 인재로 자리매김하기를 바라는 마음과 자신의 시가 독자들에게 널리 오랫동안 회자(膾炙)되어 명작으로 남기를 바라는 마음과 무엇이 다르겠는가.

서원생은 다작의 걸출한 시인이다. 일곱 번째의 시집을 출산하고 있는 것은 그가 분명히 다산의 작가임을 세상에 과시하는 셈이 된다. 그에게 시와 생활은 전혀 분리되어 있지 않다. 일상적 삶이 시의 원천이고, 시가 그의 삶을 풍요롭고 아름답게 한다. 생활이 아름답게 승화된 시 작품이고, 시가 바로 그의 삶이 자연스럽게 녹아든 생생한 생활이 된다.

장구한 세월 창작의 도정에서 시적 영역은 그만큼 확장되고 승화되었다. 고향의 자그마한 마을을 초월하여 전국 각지를 노닐다가 세계까지 뻗치고 있다.

연륜의 축적에 따라 시적 화자의 어조도 청춘의 정열에 함몰된 단순한 감정의 즉흥적 표백이 아니라, 차분한 가운데 대상을 응시하고 탐구하여 본질의 세계를 천착하고자 하는 의지가 역연하게 드러나고 있다. 대상에 대한 관조와 천착이라는 성숙한 면모가 두드러지게 나타나고 있다.

자연을 응시하는 서경시

자연은 순수한 서정을 추구하는 시인의 영원한 고향이다. 서정시인에게서 자연을 제거하면 사막에서 오아시스를 잃는 것이고, 빙하에서 온기를 빼앗기는 것이다. 인간이 생존하려면 적당한 양의 물을 마셔야 하고, 적당한 온도를 유지해야 하는 것처럼, 자연과 친밀한 관계를 유지하면서 연인 관계처럼 밀회해야 시의 태동을 이룰 수 있다.

서원생 시인은 자연의 세계를 관찰하면서 인생을 관조하고 있다. 연륜이 축적되면서 그에 상응하여 청춘의 혈기에서 터져 나오는 즉흥적 감정의 분출은 제어되었지만, 냉정하게 인생을 바라보는 달관의 모습이 역연하게 드러나고 있다. 그만큼 대상을 바라보는 시선이 차분해지고 성찰이 곁들여져서 한층 성숙한 면모를 유감없이 발휘하고 있다.

> 파도를 밀면서
> 빨간 불덩어리가 솟고 있다
>
> 수평선, 저 끝단의 섬에서
> 갈매기는 여명을 물고
> 바다를 향해 날개를 편다
>
> 육지의 신기루를 향해
> 팽창하려는 욕망을 품고
> 파도는 몸짓을 점점 키우면서
> 수면을 다지며 울먹이고 있다
>   –「희망을 향해」일부

이 시는 한 폭의 풍경화를 보는 듯하다. 해의 붉은색과 파도의 푸른색, 갈매기의 흰색이 어우러져서 색채가 조화를 이룬 절경이 그려지고 있다. 서정적 자아는 해변에서 신년을 맞이하고 있다. 새해의 아침 해가 수평선 위로 떠오르는 형상을 빨간 불덩이가 솟고 있는 것으로 표현하고 있다. 수평선 끝으로 까마득하게 보이는 섬, 공중에서 바다를 향해 날고 있는 갈매기의 모습이 보인다. 해변을 때리는 파도가 소리치는 광경이 울먹이고 있는 것처럼 들린다. 시적 자아는 새해의 희망이나 다짐보다는 해변의 아름다운 풍경에 더 적극적인 시선과 사색의 더듬이를 휘젓고 있다.
  이 작품을 통해 서 시인은 단순한 감상(感傷)의 표백을 넘어서서 자연과 인생을 관조하는 사색의 시인임을 확실히 인식시키고 있다.

     파란 그랜드피아노 건반 위로
     베토벤의 전원 교향곡이 구른다

     바닷물을 물고 있는 축축한 백사장에
     감동의 여운을 돌돌 말면서
     몸을 뉘며 토해내는 진한 음률
     코발트색 바다는 다시 속을 울렁이면서
     격정의 악장을 재생해 낸다

     파란 건반이 사르르 열리면
     모래톱에 베껴 낸 희미한 악보
     그곳에 포개고 지우며 부수어 가면서
     파도는 위대한 장서 더미를 쌓는다.
                               − 「하얀 포말」 전문

  서정적 자아는 해변에서 모래벌에 잇따라 부딪쳤다가 부서지곤 하는 파도를 보면서 베토벤의 전원 교향곡을 떠올리고 있다. 파도치는 소리가 그렇게 들린단다. 보통 사람이 감히 상상도 하지 못하는 참신한 비유가 돋보이는 작품이다. 파도가 모래사장에 새긴 자취가 화자에게는 교향곡의 악보로 보인다.

> 한바탕 격랑이 지나가고
> 옷고름 푼 푸른 섬이 알몸으로
> 해풍에 삭은 갯내를 앞세워 마중 나오면
> 괭이갈매기 날개를 접고
> 햇살은 바다에 깔아놓은 비단길을
> 주섬주섬 챙기며 금을 지운다.
> - 「울릉도 가는 길」 일부

　우리가 익숙하게 알고 있는 동해에 위치한 울릉도를 제재로 한 시다. 동해의 한가운데 떠 있는 울릉도가 외부 세계와 단절된 채 외롭게 살아가는 인간으로 형상화되어 있다. 그는 고적한 꿈을 꾸며 살아가다가 시적 화자가 다가가자, 옷고름을 푼 채 허둥지둥 마중을 나온다. 얼마나 인정이 그리웠으면 옷도 제대로 갖춰 입을 틈도 마련하지 못하고 그렇게 달려 나왔으랴. 그런 갈증은 다름 아닌 인간이 화자가 평소에 느낀 감정일 것이다. 정이 목마른 인간의 감정이 제재인 울릉도에 고스란히 투사되어 있다. 대상을 의인화시킨 적절한 비유를 통해 따뜻한 인정을 효과적으로 부각해 내고 있다.

> 쑥스럽게 지는 노을이
> 서산에 걸터앉아
> 잠깐, 달콤한 여정을 푼다

〉
노을에 반한 추억의 저수지가
여우 꼬리를 감춘 채
축축한 피부로 유혹하면
노을은 하늘까지 통째로 끌고 와
맑은 물에 몸을 헹구고

저녁은 어둠을 끌고 와서
탱탱 부은 사랑병으로 가린다
— 「노을은 그리움을 싣고」 일부

 서산 위에 퍼져 있는 노을을 아름답고 다감하게 그려내고 있다. 우리는 하늘을 가득 메우고 있는 노을을 보고 단순히 아름답다고, 곱다고 느끼곤 하지만 아름다운 시로 엮어낼 줄을 모른다. 하늘에 채색된 노을이 저수지에 비쳐서 더욱 아름답게 보인다. 그 정경을 시적 자아는 저수지가 여우 꼬리를 감춘 채 유혹하여 노을이 물 위에서 포근하게 안기고 있다. 그 정경에서 사랑의 관능이 살아 숨 쉬고 있다. 그 세계에서 젊은 연인들이 쌍쌍이 저수지 물과 노을이 벌이는 사람처럼 달콤하고 아름다운 사랑의 밀어를 풀어내고 있다. 이 작품은 서경성과 서정성이 조화를 이루어 자연과 인간이 연인처럼 어우러져 참으로 아름다운 그림이면서 노래가 되고 있다.

속살을 내주기 싫은 안개들이
하얀 자존심을 풀면서

정복자들을 향해 저항하고 있다

　　　대개는 시야를 가리면서
　　　부끄럽게 알몸을 가리지만
　　　공주병이 목까지 찬 허영심들은
　　　부유물을 띄워 승천을 한다

　　　그러나 마지막까지 자존심인 양
　　　정상의 표지석이 가로막고 서서
　　　하늘길을 가리고 있다
　　　　　　　　　－「정상」일부

　안개가 자욱하게 낀 산의 정상에 올라 그 정경을 그린 시이다. 산 아래 멀리서 정상을 올려다보았을 때는 안개에 가려서 보이지 않던 꼭대기의 모습이 그곳에 이르러서야 겨우 볼 수 있었다. 시적 화자는 안개가 자기의 속살에 해당하는 산의 모습을 보이는 걸 자존심이 상하는 일이라고 의인화해서 표현하고 있다.
　안개가 걷히고 있는 산의 모습이 얼마나 수려하던지, 공주병이 목에까지 찬 허영심을 부리고 있다고 극찬을 하고 있다. 웅장하고 아름다운 산에 화자는 저절로 감탄사가 튀어나왔을 것이다. 이른 봄을 맞아 잔설이 녹아가는 산의 눈잣나무 숲에는 눈이 녹아 잎새에 눈물방울처럼 맺혀 있다.
　산의 정상에 올라 정복자의 쾌감을 노래하기보다는 부끄럼이나 눈물, 잔설 등의 시어를 동원한 것으로 보아 새봄을 맞이하는 생동감이 아니라, 비애라는 감상적 정서에 더 접근해 있다.

자연의 화자화, 자아의 자연화 물아일체의 공감

서 시인의 작품에는 자연의 의인화 수법이 두드러진다. '노을이 여정을 풀고, 저녁은 사랑병을 앓는다.'(「노을은 그리움을 신고」), 이 시에서 노을은 단순한 자연 현상이 아니다. 저수지의 품에 안겨서 사랑의 행위를 벌이고 있다. 저수지 주변에서 밀회를 즐기는 젊은 남녀와 다르지 않다. '고향의 냇가는 지쳐 맥없이 흐느끼고 있'(「보를 보면서」)으며, 칫솔은 볼륨 없이 숨만 헐떡이고 있'(「칫솔을 보면서」)다. 오랫동안 사용하여 칫솔모가 다 닳고 벌어진 채 화장실 거치대에 꽂혀 있는 모습을 보고 측은하게 여긴다. 보통 사람이라면 하찮게 여기고 무심하게 버리고 말았을 낡은 칫솔에게 위로하고 미안하게 여기는 마음이 아낌없이 투사되어 있다.

이런 식의 의인화는 화자가 대상에게 애정을 투사하여 인격화시키지 않으면 가능하지 않은 표현이다.

아침마다 나무 울타리에서
물방울 말아 올리는 나팔꽃처럼
티 없이 맑게 산 아랫집 가족들

어느 날씨 흐린 날
불행이 한꺼번에 몰려오더니
개나리봇짐 들고 뿔뿔이 흩어졌다
〉

봄비 올 때는 언제나
예쁜 손가락에 꽃물 들이던 누님

빈 꽃밭에 봉숭아꽃 여러 번 지고
봄비는 소식을 주고 흐느꼈다
술주정뱅이에 시집간 그녀
이제는 그마저도 은하로 보냈다고

난 어디엔가, 위로를 보내고 싶었다
흐린 날에도 꽃은 필 것이라고
누님의 열 손가락에 핀 봉숭아처럼.
  - 「아랫집 누님」 전문

  나무 울타리 사이로 정답게 삶을 같이한 이웃에 대한 그리움과 안타까움이 찡하게 울려오는 시다. 가난한 시절, 그 신고를 견디지 못하고 타향으로 무작정 떠나가던 이웃 사람들에 대한 안타까움과 서글픔이 진하게 묻어난다.

  손톱에 봉숭아물을 들이면서 아름다움을 추구하던 이웃 누님이 가족을 따라 이사를 하고 나서는 이별의 상심에 사무쳐 그 이후로는 아리따운 여성을 보면 자기만을 두고 떠난 누님에 대한 섭섭함에 화장한 여성들을 보면 위선자라는 선입견이 감정을 독차지한다.

  여러 해가 흘러간 이후에 바람처럼 그 누님에 대한 안타까운 소식이 들려온다. 남편 복이 지지리도 없던 그녀는 술주정뱅이에게 시집을 가서는 눈물이 마를 날이 없이 불행한 나날을 보낸다. 술에 만취된 채 살던 남편마저 그녀만을 남겨 두고 다른 세상으로 가버린다. 누이에 대한 측은한 마음에 꽃이 다시 피듯이 행복의 날이 피기를 간절히 바란다.

몇십 년의 장구한 세월이 무심하게 흘러도 서정적 자아의 뇌리에서 벗어나지 않고 있는 유년 시절 고향의 누님, 그에 대한 순수한 인간애가 도탑게 느껴진다.

세면장 안에서
칫솔 넷이 나란히 꽂혔다

지난번 괌 여행을 할 때
딸이 함께 사다 준 칫솔
똑같은 시기에 기념한다고 썼는데
유독 눈에 꽂히는 칫솔이 있다

오른쪽 맨 끝줄에서
하얀 잇몸만 남은 채 신음하는
모가 벌어진 칫솔이
이웃집 아주머니 처진 피부처럼
볼륨 없이 숨만 헐떡대고 있다

관심 없이 노동만 시켰더니
아, 그랬었구나
여기까지 근심 없이 온 삶도
네 희생에서 비롯된 것이라고.
― 「칫솔을 보면서」 전문

세면장 거치대에 나란히 꽂혀 있는 칫솔에 대한 시이다. 괌 여행하던 길에 딸이 사다 준 것인데 특별히 눈에 띈다. 아침, 저녁으로 매일 두 번씩 사용해 왔는데 이제는 모가 닳아 거의 버려질 지경에 이르렀다. 보통의 일반인이라면 하찮게 여기고 무신경하게 사용하다가 못 쓰겠다 싶으면 미련 없이 쓰레기통에 버려질 만한 사소한 생활 필수용품에 지나지 않는다. 자식인 딸에게서 전달되는 애정이 칫솔에게 들이부어진다.

하지만 시인의 세심한 관찰과 인식은 이런 사소한 것까지 놓치지 않고 애정과 관심의 촉수가 미친다. 그의 아름다운 희생이 있었기에 불편 없이 안락하게 살아왔구나! 하는 고마움을 새삼스럽게 느끼곤 한다. 감수성이 남달리 예민하고 인정이 풍부한 그는 남들이 하찮게 여기는 칫솔에게조차도 각별한 애정을 쏟아붓곤 한다.

봄은 이제 아장아장 발을 떼는
외손녀 발걸음에서 온다

봄은 얼굴에 여드름 군데군데 피면서
사춘기를 퐁당퐁당 건너는
누나의 팔랑거리는 머리에 꽂은
나비 머리핀에서 온다

시냇가의 능수버들
늘어져 자장가를 부르고
헐벗은 들녘에

파릇파릇 새싹이 돋아 오르면

　　볼록이 솟은 젖가슴처럼
　　임을 만날 두근거림으로 앓아 온
　　사랑병 치료할 해열제로부터 온다.
　　　　- 「봄이 오는 길목」 전문

　봄이 단순한 자연 현상에 머무르지 않는다. 자연과 인간이 하나가 되어 조화를 이루고 있다. 마당을 아장아장 걷고 있는 외손녀의 발걸음에서 봄의 귀여운 재롱을 발견한다.
　봄을 맞아 사랑의 징표인 여드름이 군데군데 돋아난 채 머리에 나비 머리핀을 꽂고 징검다리를 퐁당퐁당 건너는 누나의 모습에서 이성에 대한 사랑의 열기를 감지하는 봄을 새롭게 본다. 시냇가에 자라난 능수버들이 치렁치렁 늘어지고 잔디밭에 새싹이 돋아 오르는 것을 보고 주체할 수 없는 사랑의 열기를 식힌다. 시인은 자연을 통해 인간을 보고, 인간을 통해 자연을 관조하는 성숙한 시야를 확보하고 있다.

　　수줍어 입을 가리고 참다가
　　아침 햇살에 하품을 한다

　　새악시 같은 눈에
　　송골송골 맺힌 눈망울
　　아직도 슬픈 사연을 달고 있어
　　〉

다가가 안부를 묻자

입을 가리며 부끄러워서

배시시 몸을 꼰다

- 「나팔꽃」 일부

  아침에 보이는 나팔꽃이 흙냄새 물씬 풍기는 시골 처녀의 모습을 하고 있다. 수줍음 때문에 입을 가리고 참다가 아침 햇살을 받고 하품을 한다. 꽃망울은 송골송골 이슬을 맞은 모습이 비극적 사랑의 애처로운 사연을 숨기고 있는 것처럼 보인다. 사랑스러운 마음에 다가가서 안녕하고 인사를 건네자 입을 가리고는 몸을 배시시 꼬면서 부끄러워한다.

  작가가 도시 문물에 찌든 가식적인 인간이 아닌, 시골의 순수함을 전혀 잃지 않은 순수한 인간을 동경하고 있다는 걸 의미한다. 도시인의 발랄함과 성숙한 세련미도 좋겠지만, 시인은 그런 것보다는 옛날 시골 이웃에서 매일 대하곤 하던 시골 처녀에게서 친근함을 강하게 느낀다.

사소한 생활용품에 대한 애정과 연민

  수필가 피천득은 일상생활 속의 모든 사건이 다 수필의 제재가 될 수 있다고 역설한 바 있다. 수필만이 아니라, 시에서도 그런 것이 가능함을 서원생 시인이 시 창작을 통해 여실하게 보여주고 있다.

  이 시집에는 우리가 하찮게 여기고 무신경하게 방관하는 생활용품에 대한 남다른 관심과 애정을 담은 시가 많다. 제목만 보아도 고드름, 내 생일, 사막의 낙타, 섣달그믐 밤, 요양원에서,

겨울 잠바, 늙은 여인들, 고양이 등이 당당하게 시로 승화되고 있음을 알 수 있다.
　서 시인은 바쁘다는 핑계로 평소에 살피지 않은 삶도, 따분하고 지루한 삶, 서두르라면서 보챈 삶도 지나고 나니 모두가 소중한 삶이었다고 〈삶〉이란 시에서 토로하고 있다. 그러기에 그의 눈에 들어오는 어떠한 대상도 시의 훌륭한 소재가 된다.
　칫솔에서 운동화에 이르기까지 그들이 벌이는 순수한 희생정신에 애정이 어린 시선을 보내고 있다. 그것은 그만큼 작가의 시선이 확대되고, 깊어졌음을 의미한다.

　　　　가시에 찔린 노을을 쪼기 위해
　　　　탱자나무에 까맣게 매달린
　　　　저녁 참새떼

　　　　용케도 바늘 가시를 요리조리 피해
　　　　한꺼번에 소복이 쏟아져서
　　　　눈칫밥 먹듯 급하게 쪼아 먹고
　　　　푸드덕 허공에 빨랫줄을 넌다

　　　　그러다가 떨어뜨린 물건이 있는지
　　　　다시 탱자나무 숲에 드는
　　　　저녁 시간 짓는 참새떼
　　　　　　　－「참새떼」 일부

　시골에서 지천으로 목격할 수 있는 참새를 소재로 한 시다.

참새들이 무리를 지어 탱자나무에 앉아서 먹이를 쪼아 먹다가 동시에 푸드덕하고 날아올라서 멀리 허공에 기다란 줄을 이루고 까마득히 멀어져 간다. 그 모습이 어린 화자가 집 울타리 안에 있는 빨랫줄처럼 보인다. 시는 단순한 체험의 기록이 아니라, 상상력의 소산이다. 허공을 날아가는 참새떼를 보고 빨랫줄에 연결한 독특한 비유가 돋보인다. 이 작품은 단순히 감정을 표백한 시가 아니라, 한 폭의 풍경화다. 도시의 분주한 생활에 쫓겨 고향을 잊은 채 살아가고 있는 무신경한 일반인에게 순수한 향수에 젖게 하고 있다.

아끼는 운동화가 있다

내 몸과 떨어지기 싫어서
자기 살점까지 내준다

오물을 묻히고 들어오면
자기의 살을 비벼서 털고

일부러 험지를 돌아다니면
아픔을 참으며 입술을 깨문다

얼룩진 삶의 무게를 견디면서
굳은살 붙은 부끄러운 내 역사가
짚신 모양의 낙관을 찍는다
〉

눌린 벌거벗은 속살이
덕지덕지 찌들어 있다.
- 「운동화」 전문

　이 시는 외출할 때마다 늘 신고 다니는 운동화를 제재로 하여 의인화한 시다. 일반인이 인식하기에 개인의 일상 필수품에 불과한 이런 사물도 시의 제재가 될 수 있나 하고 신기한 느낌이 생길 만도 하다. 시에는 철학적 통찰이 담겨 있다고 한 학자들의 소론이 이 작품에 발휘되어 있다. 운동화에서 인고의 투지와 희생정신을 발견하는 것은 투철한 통찰이 아니고서는 도저히 상상조차 할 수 없는 것이다.
　화자가 외출할 때마다 밟은 흙과 오물이 묻는다. 그래도 운동화는 주인의 발을 보호해 주고 감싸주는 자기를 함부로 대하고 괴롭힌다고 원망하지 않는다. 집에 돌아오면 말없이 주인이 터는 대로 자기의 살을 비벼서 더러운 것을 털면 그뿐이다.
　등산할 때 나무의 등걸에 부딪히거나, 돌부리에 걸려 견딜 수 없는 충격과 상처를 입어도 입술을 지그시 물고 비명 한 번도 지르지 않고 묵묵히 견딘다. 사람이라면 자기를 괴롭히고 함부로 대한 사람을 원망하고 저주할 테지만 주인을 조금도 원망하지 않는다. 타고난 운명을 묵묵히 받아들이고 참고 견딘다. 운동화에는 동양 전래의 초인적이고 전통적인 인고의 정신과 값비싼 희생정신이 번득인다.

긴 장대 끝에 하늘을 걸었다
〉

산 내음이 허공에 몸을 헹구고
욕망이 펄펄 날개를 폈다

먹잇감이 있을까 하고
둔한 바람이 입질을 한다

세차장의 마지막 청소부처럼
태양은 따끈따끈하게
찌든 노동의 흔적을 지운다
― 「빨래」 일부

빨랫줄에 널린 빨래를 소재로 한 시다. 현대인은 세탁기에 넣고 빨래를 하고서 건조대에 널어 말리곤 하지만, 예전에는 시냇가에서 방망이를 두드려 가면서 빨래를 하고는 울안에 있는 줄에 널어 말려야 했다. 장대로 받친 줄에 넌 빨래가 산 내음을 빨아들이면서 바람에 날듯이 흔들리기에 시적 화자는 허공에 몸을 헹구고 펄펄 날개를 편다고 대상을 동물화하고 있다. 햇볕이 내리쬐어 옷가지를 말리는 것을 보고 세차장에서 마지막에 물기를 제거하여 하루의 찌든 노동의 흔적을 없앤다고 감각적으로 표현하고 있는 점이 참신하게 여겨진다.

비릿한 냄새로 반질반질하게 찌든
항구 바닥의 한쪽 구석에서
아귀가 푸대접을 받는다
〉

같이 달려온 다른 고기들은
　　하나둘씩 주인을 만나 떠나는데
　　허기진 듯 숨만 헐떡인다

　　짤막한 키의 절반이 입
　　설움이 복받칠 때마다
　　바다를 싹둑 잘라 입에 물고서
　　점액질 파도를 토해내곤 한다

　　이따금 찢어진 험상이 굳은 눈으로
　　상대를 쏘아보며 겁을 준다.
　　　　　　　－「아귀」전문

　'아구탕'으로 알려진 아귀를 제재로 한 시다. 입이 크고 흉측한 모습을 하고 있어서 1980년대까지만 해도 사람은 먹을 줄 모르고 길고양이나 먹는 것으로 천대를 받곤 했다고 한다. 시에서도 어물전에 놓인 아귀는 고객의 환대를 받지 못하고 외면을 당한 채 허기진 숨만 헐떡이고 있다. 전체적인 덩치는 작은데 입이 절반이라고 칭할 정도로 못생긴 몰골을 하고 있다. 다른 어물들은 곧잘 팔려나가는데 아귀는 관심이 없다.
　훌륭한 시는 투철한 인식의 소산이라는 소론을 이 작품은 보여주고 있다. 어물전의 물고기가 고객에게 팔려나가는 것은 곧 죽음으로 가는 첩경이다. 물고기는 바다가 되었든, 하천이 되었든 잡히는 순간, 죽음을 예비한 것이다. 어물전에서 거품을 물고 괴로워하고 있는 아귀가 어서 빨리 팔려나가기를 고대할 리는 전혀 없다. 하지만 시인은 아귀가 소비자의 시선에서 멀어져 소외되어 서러워하고 있다고 여기고 있다. 인간 세계에서 정치인이나 연예인이 인기에 목말라하는 군상들의 모습을 연상하게 한다.

순수하고 소박한 애정에의 향수

시인에게 있어서 사랑은 영원한 창작의 샘이다. 사랑의 감정이 메마르면 시적 영감은 사멸하고 만다. 그 사랑의 대상은 이성만이 아니다. 자기를 낳아 길러준 부모가 되기도 한다. 태어나서 성장한 고향의 자연이 되기도 한다. 어떤 사람은 종교를 위해서 목숨을 초개처럼 버릴 정도로 격렬한 사랑을 바치기도 한다. 그런가 하면 진리 탐구를 위해 한평생을 쏟아붓기도 한다.

서 시인은 고향의 부모님과 이웃, 자연 등을 통해 세속에 물들지 않은 소박하고 순수한 애정을 시화하여 독자들의 감정을 울리고 있다.

> 어머니의 간절한 치성이
> 무색의 아지랑이로 오른다
>
> 불길한 예감이 들 때마다
> 언 두 손을 모아서
> 겨울 왕국을 이겨낸 기도
>
> 삭풍에 굶어진 눈발도

어쩔 수가 없었나!
- 「장독대 사랑」 일부

한 해가 마지막을 고하는 섣달그믐날 밤이다. 제야를 맞아 어머니는 장독대에 정한수를 떠놓고 간절한 기도를 한다. 다가오는 새해를 맞아 아들의 무사 안녕과 행운을 두 손을 모아 비벼대면서 빌고 있다. 굵은 눈이 내려 머리를 덮고, 설한풍이 귓전을 때려도 전혀 아랑곳하지 않는다. 자식에게 다가오는 액운을 기필코 쫓아내고 행운을 필사적으로 당기려는 모정은 삭풍의 횡포도 어쩔 수 없다.

자식의 건강을 빌고 바람직한 성장을 위해 어떠한 희생도 마다하지 않은 어머니에 대한 간절한 그리움과 감사의 마음이 절절하게 드러나 있다. 어머니의 그러한 간절한 치성이 있었기에 자식은 별 탈 없이 건강하게 자라서 사회의 든든한 일원이 되어 나름대로 활약할 수 있었다. 아들은 어머니의 간절한 모성을 오래도록 감사하는 마음을 간직하면서 촉촉하고 따뜻한 서정시로 표현하고 있다. 모자간의 도타운 혈육의 정이 깊이 있게 느껴진다.

아랫집 누님은 눈물이 많다

꽃잎에 맺힌 아침 이슬처럼
추적추적 흐느끼는 늦은 봄비처럼

여명이 솟기 전 아침
헝클어진 장독대 꽃밭에서

열 개, 손톱 마디마디
남몰래 봉숭아 꽃물 들이면서
늘 안개꽃같이 누군가를 연모하며
축축한 그리움 지폈던 누님
　　　－「누님」 일부

　어렸을 때 담장 너머로 훔쳐보곤 했던 이웃집 누나를 소재로 한 시다. 무슨 일인지 모르나 아랫집 누나는 시적 화자가 보는 것도 모르고 자주 눈물을 흘리면서 울었나 보다. 누나의 얼굴에서는 꽃잎에 맺힌 이슬방울이 흘러내리고, 추적추적 내리는 봄비와 같은 눈물을 흘리곤 했나 보다. 가슴이 봉긋하고 갑자기 넓어진 엉덩이를 보고 시적 자아는 그 눈물이 자기가 알지 못하는 누군가를 사모하면서 비련의 눈물을 흘리고 있다고 믿고 있다. 아마 시적 화자도 비록 어린 나이기는 했지만, 이성에 눈을 떠서 아랫집 누나를 이성으로 느끼고 있었는지 모른다. 그러기에 남다른 관심을 갖고 몰래 바라보면서 눈물의 의미를 자기 나름대로 상상해 보았으리라.
　세월이 흘러 그런 누나가 술주정뱅이 남자에게 시집을 갔단다. 그녀의 남편은 술로 세월을 보내다가 건강을 망친 끝에 몇 해가 지나지 않아 세상을 등지고 만 모양이다. 그 소식을 들은 화자는 측은한 마음에 위로를 보내면서 새로운 삶을 통해 행복을 회복하기를 바라고 있다.

뒷산, 승천하는 보름달을 끌어내려
가슴에 품은 집

〉
도랑까지 내려온 멧돼지 떼
입맛 다시다가 돌아가는
위험이 아슬아슬한 꼭대기 집에서
오 남매, 거친 손으로 키우시던 어머니
야트막한 앞산에 묻더니
너도 더불어 흙냄새를 맡았나!
까치집같이 바람 숭숭 뚫려
자연사 박물관처럼 변했네
　　　　－「고향집을 보면서」 일부

　어렸을 때 부모님의 품에서 자랄 때 살던 집을 보면서 지은 시이다. 뒷산에 떠오른 보름달이 집안을 환하게 비치던 집, 도랑까지 멧돼지 떼들이 내려왔다가 올라가곤 하여 방안에서조차 공포증을 감추지 못한 아슬아슬하기만 하던 집에서 어머니는 갖은 고생을 다 해가면서 자식들을 훌륭하게 키워내셨다. 성장한 자식들은 모두 타향으로 직장이나 각자 마련한 집을 따라 떠난 뒤에, 부모님마저 돌아가시고 나니, 고향집은 가족에게 처참하게 버려져서 폐허가 된 빈집으로 전락하고 말았다. 아무도 돌보지 않는 썰렁하기만 한 집은 벽이 헐고 차디찬 바람만이 그 사이를 씽씽 부니 화자가 보고 느끼기에 자연사 박물관처럼 을씨년스럽기만 하다. 마당가에 남겨져 있는 감나무는 고목이 된 채 외로이 빈집을 지키고 있다. 가족에게 버림을 받아 폐허가 된 집에서 맛보아야 하는 우수가 짙게 깔려 있는 침울한 감상적 정서의 시다.
　이러한 경험은 비단 시인 개인사에만 그치지 않는다. 현재 빈

집 관리 문제로 사회 문제화가 되어 있는 실정이다. 고향을 등지고 타향에서 뿌리를 내리고 살아가는 현대인이 직면하고 있는 심각한 과제를 서정적으로 표현하여 이 시를 감상하는 독자들로 하여 반성하게 하고 있다.

> 사랑이 배란기를 맞은 꽃밭
> 연필심 세운 꽃들이
> 후줄근하게 봄비를 맞고 있습니다
>
> 요 며칠간 나 보란 듯이
> 짱짱하게 서 있던 요정들이
> 오늘은 많이 지쳐 보여 안쓰럽고
> 때로는 펑펑 흐느낄 때마다
> 덩달아 가슴이 찡하게 울려옵니다
>
> 봄비가 때를 잘 맞춘 듯합니다
>
> 여운이 없는 클라이맥스보다는
> 늘 아쉬움이 행복이라고
> 몸으로 살짝 표현하는
> 사랑의 울먹임을 보고
> 그저 가슴이 먹먹합니다.
> － 「꽃밭에서」 전문

봄비를 맞고 있는 꽃들의 모습을 의인화시켜 노래하고 있다.

보통 화초의 모습은 날이 가물면 시들어서 거의 죽어가는 모습을 보이다가 비가 오면 생기를 찾아 활기찬 자태를 드러내곤 하는데, 이 시에서는 반대의 상황이 벌어져 있다. 비가 오기 전에는 꽃대들이 꼿꼿하게 서 있었으나, 비를 맞으면서 고개를 숙이고 있는 모습이 처량하게만 비친다. 꽃잎에서 빗방울이 떨어지는 모습이 사랑의 비애로 인해서 눈물을 흘리면서 울먹이는 것처럼 느껴진다. 감정이입의 표현인가. 비를 맞고 있는 꽃을 보고 가슴이 먹먹하고 지쳐 보인다는 것은 시적 자아가 유사한 처지에 머물러 있음을 간접적으로 나타낸다.

    이제 막 젖 뗀 아이
    부모 곁을 떠나보내면서
    아침저녁마다 우는 슬픔처럼

    모정이 그리웠던 곳
    매일 밤을 그리움에
    보채다가 지쳐
    너무 지쳐서 잠들었던 곳에

    소슬바람이 단풍나무 잎을 흔들어
    외로움도 잊게 하던
    아, 그곳에는 가슴 삭히면서
    영원히 잊지 못할
    내 짝사랑도 함께 있었네.
            - 「분교에서」 전문

시골 초등학교 분교를 소재로 한 시다. 시골은 인구밀도가 지극히 낮아서 통학 거리가 멀어서 학교 다니는 것이 대단히 어렵다. 그래서 시골 벽지에서 세워진 것이 분교다. 이 시는 본교에서 떨어져 나와 소규모로 존재하는 분교를 의인화시켜 부모의 품에서 떨어져 나온 불쌍한 아이에 비유하고 있다. 어버이의 사랑에서 떨어져 나간 아이가 엄마 아빠를 찾아 우는 모습을 상상하고 화자가 젊은 시절 짝사랑하던 사람을 떠올리고 있다. 사모하는 마음을 가슴에 품고도 고백 한 번 못 한 채 흘려보낸 세월이 아쉽기만 하다. 시가 단순한 견문의 표출이 아니라, 독특한 상상력의 소산임을 이 작품을 통해서 작가는 분명하게 보여주고 있다. 분교를 보고 어미 품에서 떨어져 나간 어린아이에 비유하기는 결코 쉽지 않다.

    어릴 때 찔린 가시
    난, 아직도 뽑지 못하고 있는데

    넌 무심하게 마음의 상처 감추고
    매년 화려하게 흐드러지는구나

    한숨과 외로움 깊을수록
    난 그 시절이 눈에 밟히고
    그리움의 사무침 흔들릴 때마다
    아린 가슴 부여잡으면서
    소중한 보랏빛 사랑 삭히는데
    〉

아, 넌 기다림을 잊고 사는지
하얀 안개꽃 속에서
새벽이슬 입술에 물고
저토록 꽃등만 밝히고 있는가.
- 「찔레꽃을 보면서」 전문

찔레꽃을 보고 첫사랑의 추억을 떠올린 시다. 찔레 가시에 손을 찔린 것과 같이 첫사랑을 상실한 상처가 너무도 아프기만 하다. 오랜 세월이 흘러도 생채기는 가슴 속에서 아물지 않고 있다. 찔레를 볼 때마다 비련의 상처가 견딜 수 없는 통증으로 되살아서 다가온다. 꽃을 보고 하얗게 부푼 순정을 가누지 못해 탄식하면서 괴로워하고 있다. 사랑하는 임과 삶을 같이하지 못하고 헤어져 추억을 가슴에 담고는 무겁고 침울하게 살아야 하는 이의 쓰라린 마음을 다시금 돌아보게 한다. 인연이란 얼마나 소중하고 질긴 것인가 하는 새로운 깨달음을 얻을 수 있다.

마무리를 대신하며

서원생 시인의 시에는 과격하거나 격렬한 내용이 결부되지 않는다. 창작의 대상이 김지하나 신동엽과 같은 현실 참여 시인이 보여준 사회적인 문제에 천착하기보다는 유년 시절 고향에서의 소박한 삶이나, 산과 들에서 흔히 볼 수 있는 자연물, 시골 사람의 일상적 삶이라는 개인적인 서정에 역점을 두다가 보니 자연스럽게 그렇게 된 것 같다. 표현 방법도 대상과 거리를 두거나 비꼬아대는 새타이어(諷刺, satire), 아이러니(irony), 패러독스(paradox)는 거의 쓰이지 않는다. 참여시에는 풍자나 역설, 반어 등에는 대상의 약점을 파고들어 비판하는 내용이 중심을 이루다 보니, 대상과 조화가 아니라, 갈등의 양상을 보여주는 경우가 비일비재하다. 서 시인의 작품에는 대상과 갈등 관계가 선명하게 드러난 작품을 발견할 수 없다. 그의 주된 표현 방법은 대상을 의인화하거나, 활유화하는 비유(譬喩)를 주로 사용하고 있다. 그와 같은 표현 방법에 따라서 대상에 대한 친화감이나, 비애, 혹은 측은지심이 두드러지게 나타나고 있다. 읽는 사람도 심리적인 갈등이나 격렬한 감정을 갖지 않고 편안한 마음으로 자기의 과거 삶을 차분하게 돌아보게 하고 뉘우치게 한다. 그의 서정적인 작품을 대하면서 덩달아서 세속적인 세계로 인해서 오염되었던 감정을 털어내고 잠시나마 유년 시절의 순수한 정서의 세계로 돌아갈 수 있는 의미 있는 경험을 만끽하게 한다.

물질 만능의 세상, 출세 지상의 세계에서 그런 것을 초월하여 순수한 본심을 회복하는 것이야말로 마른 세상에 인정의 온기를 살리고, 서정의 갈증에 시달리는 인간에게 촉촉한 감정을 회복할 수 있다. 서원생 시인의 이 시집을 통해 그런 기회를 만끽할 수 있었다.

노을은 그리움을 싣고
서원생 제7시집

발 행 일	2025년 7월 10일
지 은 이	서원생
발 행 인	李憲錫
발 행 처	오늘의문학사
출판등록	제55호(1993년 6월 23일)
주　　소	대전광역시 동구 대전로 867번길 52(삼성동 한밭오피스텔 401호)
전화번호	(042)624-2980
팩시밀리	(042)628-2983
카　　페	http://cafe.daum.net/gljang(문학사랑 글짱들)
인터넷신문	www.k-artnews.kr(한국예술뉴스)
전자우편	hs2980@daum.net
계좌번호	농협 405-02-100848(이헌석 오늘의문학사)

공 급 처	한국출판협동조합
주문전화	(02)716-5616
팩시밀리	(02)716-2999

ISBN 979-11-6493-387-7
값 10,000원

ⓒ서원생 2025

* 이 책의 판권은 저작권자와 오늘의문학사에 있습니다.
* 이 책은 E-Book(전자책)으로 제작되어 ㈜교보문고에서 판매합니다.
* 잘못 만들어진 책은 구입하신 서점에서 교환해 드립니다.